12 SALTOS CUÁNTICOS

del *Abundance Mode Method* by JAE

José Antonio Echeverría

Reservados todos los derechos. No se permite la reproducción total o parcial de esta obra, ni su incorporación a un sistema informático, ni su transmisión en cualquier forma o por cualquier medio (electrónico, mecánico, fotocopia, grabación u otros) sin autorización previa y por escrito de los titulares del copyright, excepto breves citas y con la fuente identificada correctamente. La infracción de dichos derechos puede constituir un delito contra la propiedad intelectual.

El contenido de esta obra es responsabilidad del autor y no refleja necesariamente las opiniones de la casa editora. Todos los textos e imágenes fueron proporcionados por el autor, quien es el único responsable por los derechos de los mismos.

Publicado por Ibukku, LLC
www.ibukku.com
Diseño de portada: Karla
Diseño y maquetación: Diana Patricia González Juárez
Copyright © 2024 José Antonio Echeverría Espinosa
ISBN Paperback: 978-1-68574-718-3
ISBN Hardcover: 978-1-68574-720-6
ISBN eBook: 978-1-68574-719-0

ÍNDICE

DEDICATORIA	5
PRÓLOGO	9
EL MÉTODO	15
LA HISTORIA	17
12 SALTOS CUÁNTICOS DEL *ABUNDANCE MODE METHOD*	23
1 ACEPTA LO IMPERFECTO. ESTO LO CONVERTIRÁ EN PERFECTO	25
2 ESCÚCHATE. SIEMPRE PUEDES ELEGIR DIFERENTE	33
3 FLUYE. PERMITE QUE EL ÉXITO TE ALCANCE	41
4 ACTÚA A FAVOR DE LAS CIRCUNSTANCIAS. LA SOLUCIÓN ESTÁ DENTRO DE TI.	49
5 VE MAS ALLÁ DE LO EVIDENTE. OBSERVA, RESPIRA Y SIENTE	57
6 SIENTE POSITIVO, VIVE POSITIVO. ELIGE PENSAMIENTOS COHERENTES	65
7 TEN CERTEZA DE QUE TODO LO QUE OCURRE TE PREPARA PARA LO QUE VENDRÁ. SUELTA LOS RESULTADOS	73
8 CONCÉNTRATE EN LO ESENCIAL, MÁS QUE EN LO IMPORTANTE. PRIMERO LO PRIMERO	81
9 AGRADECE TODO LO QUE SUCEDE Y BENDÍCELO. APRECIA LA EXPERIENCIA	89

10 PIENSA EN TÉRMINOS DE CONVENIENTE E INCONVENIENTE.
ELIMINA EL JUICIO 97

11 VIVE HACIENDO TODO LO QUE DESEAS SIN HACERTE DAÑO A TI MISMO NI A NADIE MÁS.
RESPETA TU PROCESO Y EL DE LOS DEMÁS 105

12 TODO LO QUE VIENE CONVIENE Y SERÁ GRANDIOSO.
EXPANDE TU CONSCIENCIA 113

AGRADECIMIENTOS 123

DEDICATORIA

Este libro se lo dedico a mi amada compañera de vida Anggie Kara, y a mis amados hijos Karla, Carlos, Nino y Leo, que en los valores familiares representan el amor, la empatía, la integridad, el agradecimiento, la coherencia junto con mi aportación, que es el respeto.

¡Gracias por tanto amor!

JAE

«Un salto cuántico es un crecimiento fuera de toda proporción con respecto a lo que anteriormente veníamos haciendo»

PRÓLOGO

Este libro está basado en mi experiencia personal y en mi sentir sobre lo que viví y cómo lo viví. Está escrito desde mi perspectiva. Menciona de forma descriptiva (sin intención de enjuiciar ni culpar a nadie) cómo superé la adversidad, cómo viví mi proceso y lo que enfrenté, cómo logré trasformar lo que pudo ser un vida llena de odio, frustración, resentimiento y sufrimiento, a tener una vida gloriosa llena de amor, armonía y paz viviendo de modo abundante.

Sirve como un vistazo al *Abundance Mode Method* (método del modo abundante) y forma parte de éste, el cual desarrollé y utilizo para expandir mi tiempo, ser más eficaz y productivo disfrutando todo lo que hago, lo que me lleva a tener una mayor libertad y más energía para enfocarme en mi Ser y hacer lo que más amo.

En él comparto estrategias para ampliar nuestra capacidad de percepción, transformar la perspectiva para ver y hacer las cosas de manera diferente y así usar aquellas experiencias dolorosas que nos suceden, a nuestro favor.

Esto me hace gozar de una vida llena de paz y de esta forma llenarme de amor, para poder compartir lo mejor de mí a aquellas personas que lo deseen, así como respetar el proceso de aquellas que no.

Estos 12 saltos cuánticos crearon en mí un estado de bienestar y abundancia en todos los aspectos, me abrieron las puertas a mejores situaciones, las cuales me trajeron mayores ingresos, más oportunidades, mejores negocios, relaciones significativas y de calidad, amor incondicional y sabias inversiones, creando la vida de mis sueños de una forma orgánica, divertida y sin mayor esfuerzo.

Es una recopilación compactada de mis vivencias y experiencias, las cuales, sumadas a la inversión hecha en conocimiento, más la práctica (en múltiples ocasiones) y disciplina, atrajo resultados sorprendentes y enriquecedores a mi vida.

Pude establecer mis no negociables, enfocarme en mis esenciales y logré transformar mis problemas (e historia) en oportunidades de sanación y transformación.

Organicé este libro puntualizando mis 12 saltos cuánticos con la intención de poderlos compartir como una guía práctica al *Abundance Mode Method*, teniendo como objetivo que el lector pueda comenzar a asimilarlos y alentarlo a experimentarlos, ya que podrían ayudarle a reescribir su historia desde el amor propio.

Llevo 27 años viviendo y practicando el método, haciendo lo que amo, teniendo *hobbies* que me dejan plata, 21 años casado con una pareja extraordinaria, 3 hijos, un nieto en camino y disfrutando de mi hija, quien me encontró hace un año.

En ese tiempo logré crearme una familia amorosa con amigos de calidad, viviendo mi presente y gozando de una vida plena, llena de salud, energía y paz, experimentando y compartiendo la abundancia con la gente con la que quiero estar, seres que amo y que aportan a mi vida.

Este libro invita a Ser, sin privar a nadie de su propia experiencia o aprendizaje. No dice cómo evitar el dolor, pero sí cómo ahorrarse el sufrimiento, tampoco dice cómo hacer las cosas, mas sí provee una guía simple para que cada uno construya su propio sistema y la vida de sus sueños.

Hoy cumplo 54 años de una vida plena y disruptiva, la cual, siéndoles honesto, aprecio y bendigo cada momento de ella. Todas mis experiencias han sido perfectas para mi evolución. Abrazo con el alma y profundo agradecimiento a todos los seres de mi pasado que me han ayudado a forjarla. Sin duda ha sido un camino inicial extremadamente doloroso, mas intercambié el sufrimiento por amor.

Este libro nació de una inspiración, en un sueño que me llegase hace algunas horas. Sentí la misión de compartir el mensaje aún mas fuerte de que hay una mejor vida, la cual espera ser elegida por ti. Lo escribí en 18 horas, en tres etapas, siendo este mi regalo de cumpleaños.

Espero que lo disfrutes y que la paz esté siempre contigo.

José Antonio Echeverría

ABUNDANCE MODE METHOD
*«No es cambio ni es motivación,
es trasformación»*

EL MÉTODO

Abundance Mode Method (Método del modo abundante) es el resultado de mis experiencias de vida. Muestra la forma en que me ha ayudado a transformar muchas de mis creencias limitantes en creencias empoderadoras, a poder reconocer mi misión de vida, a trazarme objetivos infinitos, vivir con libertad emocional y financiera, y a poder sanar muchas heridas de mi pasado.

Llevo más de dos décadas compartiéndolo de diversas formas en mis entrenamientos por todo el mundo a más de un millar de personas; sin embargo, recién sentí que era tiempo de compactarlo.

Al practicarlo puedo lograr tener una nueva visión de mi vida. Contiene herramientas útiles para continuar con mi proceso de evolución, brindando a mi experiencia salud, plenitud y bienestar.

Este libro es para personas que como yo pisaron fondo y se cansaron de sufrir, de hacer siempre lo mismo y esperar resultados diferentes, que están agobiados por no poder salir de la rueda del hámster, de sentirse esclavas en un sistema que encadena al trabajo duro, que, aunque no les guste estar en el, paga las deudas; que se sienten atadas a relaciones conflictivas, a las lealtades familiares que nos limitan y empobrecen el alma, al «tengo que» y «debo» (hacer tal o cual cosa) para ser «bueno» ante los demás, aunque nos sintamos morir por dentro; para las personas que sienten que no avanzan, que todo lo tienen que hacer ellas mismas pues si no entonces no sale bien; que se exigen demasiado sintiendo que todo es muy sufrido y muy difícil, y que al final solo les queda un vacío interior pues no están satisfechas y se llenan de frustración sintiéndose luego culpables por lo que sacrificaron (aunque logren éxito social o económico), y para aquellas personas que piensan demasiado y no logran dormir viviendo en ansiedad o depresión.

Si te identificas con algo de lo aquí descrito y eres de las personas que quieren arriesgarse a hacer las cosas de modo diferente, multiplicar su energía, gozar de la vida, ganar salud y paz consigo mismas, en sus relaciones y entorno, entonces este libro quizá pueda acompañarte, guiarte y asistirte, siendo el inicio de algo grandioso para una nueva vida si tú así lo eliges y decides poner estas sugerencias en práctica.

LA HISTORIA

En los últimos 27 años he vivido y abierto negocios en todo el mundo, viviendo experiencias sorprendentes, disfrutando de mi familia y amigos, teniendo más tiempo, energía y paz.

Pero no siempre fue así.

Mis primeros 25 años fueron muy acelerados y disruptivos. Para mí era una carrera contra el tiempo, pues una de mis creencias limitantes era que a los 40 años ya no podría avanzar más, ya todo sería de bajada, así que el tiempo era oro como para desperdiciarlo y solo tenía menos de dos décadas para lograr cumplir todas mis metas y ser exitoso.

Siempre quise vivir múltiples experiencias, tener una familia feliz, ser un hombre de negocios de éxito y viajar por el mundo. Lo curioso es que todo eso lo hice de forma imprevista, en una escala mil veces mayor y en mucho menos tiempo, cosa que jamás imaginé.

Fui un niño con alma de empresario. A los ocho años tenía mi propio negocio vendiendo frutas, que recogía en una pequeña quinta que tenía mi padre y vendiéndoselas a los vecinos. Invertí esas ganancias en gallinas, que criaba en el rancho de mi padre en sociedad con uno de los hijos del encargado del rancho llamado Chucho (Jesús). Él cuidaba de éstas y me enviaba, con mi padre, el 50% de los huevos que producían a casa y se quedaba con el otro 50%.

Yo aprendía rápido, quizá demasiado rápido para encajar en una educación tradicional, así que tuve que encontrar mi propio camino. Aprendí muchas cosas de mi padre, quien era un veterinario muy reconocido en la zona, especializado en genética y experto ganadero de corazón. Fue llamado por presidentes de distintos países para poner en marcha programas genéticos destinados a criar un ganado más productivo para carne y leche.

Tuve una crianza militarizada quizá algo común en esos tiempos. A los 15 años viajé a Adelaide, Australia, para estudiar ingeniería de sistemas informáticos en Macintosh. Esto era algo muy nuevo en aquella época. Yo era un chico, muy delgado e introvertido. Trabajaba con caballos allí en mi tiempo libre, tal como había aprendido a hacer en casa, en el rancho de mi padre, gané lo suficiente para pagarme estudios adicionales y también conseguí viajar por todo el continente australiano, así como por Australasia, Melanesia, Micronesia y Polinesia.

Cuando regresé a mi ciudad natal (Mérida, en Yucatán, México), el ordenador más rápido disponible era un Commodore 64 que funcionaba en lenguaje BASIC. Esto supuso un gran revés para mí, así que decidí estudiar también química, y pronto monté una empresa de venta de productos químicos para piscinas e industriales para la limpieza de hoteles y hogares. Dirigí esa empresa llamada E.Q. (Especialidades Químicas) durante 12 años.

Siempre estudié en mis propios términos y plazos. Conforme iba creciendo aprendía de las mejores universidades e instituciones (en Australia, Francia, México, España, entre otras) materias e idiomas que encajaban con mis objetivos y propósitos como vía rápida para alcanzar mis metas. Invertía mucho en mí, pues quería crecer profesionalmente y como persona, algo que sigo haciendo hasta ahora.

Siempre he creído en la abundancia, y vivía de ese modo incluso cuando no tenía dinero en los bolsillos. Mi mente siempre ha sido ingeniosa y nunca he dejado que la falta de recursos propios limite mi creatividad.

Tuve éxito en los negocios a los 19 años, trabajando 20 horas al día. Mi antigua forma de pensar (de acuerdo con mi educación) era que todo tenía que ser duro, sufrido y doloroso para alcanzar el éxito.

Tenía la meta de lograr ser millonario, buen hijo, hermano, esposo, padre, amigo, católico y exitoso socialmente antes de mis 30 años para poder disfrutarlo.

Así que me casé a los 21 y pronto me vi dirigiendo tres empresas: la química, una pequeña de decoración del hogar y un restaurante, con una hermosa esposa e hija donde todo parecía ir de acuerdo con el plan de vida que había diseñado, donde pensé haber cumplido con todo lo que el sistema me exigía y casi al punto de lograrlo…

Lo perdí todo…, casi hasta mi mente.

Teniendo 25 años, el 12 de diciembre de 1995, mi hija y mi mujer desaparecieron. Creí que las habían secuestrado para pedir rescate, (algo común en ese entonces) pues busqué y pregunté por todos lados a amigos, parientes y conocidos. Nadie sabía y estuve días sin comer o dormir aferrado al teléfono encerrado en un clóset obscuro, angustiado e imaginando lo peor.

Luego me enteré de que había sido la familia de mi exmujer quien se las había llevado. Tuve que cumplir con ciertas exigencias con la promesa de que si cumplía me permitirían volver a ver a mi hija. Cumplí con todo, pero ellos no. Tardé casi dos años en aceptar que esa alienación parental había sido planeada para borrarme de la vida de mi hija, como parte de un divorcio llevado a un extremo innecesario, algo que era inimaginable e inhumano para mí.

Mientras seguía buscando a mi hija por todas partes, una tía política «me aconsejó» que no la buscara más. Me dijo que a mi hija le habían dicho que yo había muerto, agregando que mi hija era demasiado pequeña cuando se la llevaron como para recordarme y que solo se sentiría confundida si yo la encontraba, cosa que jamás permitirían pues ya estaba «blindada».

Me sentí devastado, frustrado, humillado, desolado y engañado, en una impotencia extrema y al borde de la locura, pues en ese punto ya lo había perdido todo tratando de encontrarla, estaba literalmente en la calle, sufriendo alienación de la familia, sociedad y amigos (pues ser divorciado era un gran estigma social en Mérida en aquel entonces). Me vi sin dinero, sin crédito, endeudado, peleado con la religión y con mi Creador, ¿qué más me podían quitar?

Al punto de volverme loco por tanto dolor, sufrimiento y ahogado en la incertidumbre no pude más e hice lo inimaginable, algo que iba en contra de todo mi sistema de creencias...

Acepté mi fracaso, abracé mi vulnerabilidad y me rendí.

Me entregué a un ser superior, a mi Dios y a su voluntad, hablé con él y le prometí que trabajaría en mi interior para convertirme en un mejor *Ser* para así tener algo de valor que mereciera la pena compartir, y que cuando Él considerase que yo estaba preparado y listo, si así era su voluntad, me la trajese de nuevo.

Con la ayuda de gente que recién conocía (a los que llamo ángeles), empecé a recuperar la cordura. Poco después me fui a Vitória, Espírito Santo, en Brasil, donde, como parte de mi propia terapia, abrí otro restaurante. Luego regresé a México y me reinventé aún más. El rendirme con consciencia me ayudó a reformular mi vida.

Recuperé mis negocios, luego los crecí y los amplié, pagué mis deudas, dejé de sobrevivir e intenté comenzar a vivir.

A finales de mis 20 decidí irme a vivir a París. Ahí, con una amiga, abrí una empresa llamada Novitech, para capacitar a ejecutivos de Europa, Rusia, Medio Oriente y EAU en el uso de Windows NT y MS Office. Viajé a varios países, aprendí nuevos idiomas, continué educándome y actualizándome. Entonces, al pasar por un momento difícil me di cuenta de mi estancamiento así tomé otra decisión de vida, regalé mi parte de la empresa, pues comprendí que el dinero ya no era mi motivación principal. Ya no quería ser esclavo de mis empresas.

Así que decidí retirarme a mis 27 años decretando que jamás trabajaría por dinero y que solo laboraría en lo que en realidad creyese y amase haciéndolo eficazmente. Esto se convirtió en mi forma de vida. Centrándome más en el rendimiento, la excelencia y en una labor honorable, la cual me mantenía dentro de «la zona», lo que significa fluir rápido dentro de la incertidumbre hacia un objetivo. El resultado fue que sin mayor esfuerzo multipliqué mis negocios 200% y mis ganancias 8 veces más, y me comenzaron a llover oportunidades que garantizaron mi retiro.

A esta forma de vida la llamé «Modo Abundancia» y lo defino como un estado de agradecimiento, aceptación y bendición constante, es gozar de las experiencias sin aferrarse a los resultados, siempre con fortaleza mental y flexibilidad emocional, confiando en el campo cuántico con la certeza de que lo que experimentas te prepara para algo mejor.

¿Cómo hice todo esto? ¿Cómo lo logré?

Dando 12 saltos cuánticos.

12 SALTOS CUÁNTICOS DEL *ABUNDANCE MODE METHOD*

1. Acepta lo imperfecto. Esto lo convertirá en perfecto.

2. Escúchate. Siempre puedes elegir diferente.

3. Fluye. Permite que el éxito te alcance.

4. Actúa a favor de las circunstancias. La solución está dentro de ti.

5. Ve más allá de lo evidente. Observa, respira y siente.

6. Siente positivo, vive positivo. Elige pensamientos coherentes.

7. Ten certeza de que todo lo que ocurre te prepara para lo que vendrá. Suelta los resultados.

8. Concéntrate en lo esencial más que en lo importante. Primero lo primero.

9. Agradece todo lo que sucede y bendícelo. Aprecia la experiencia.

10. Piensa en términos de conveniente e inconveniente. Elimina el juicio.

11. Vive haciendo todo lo que deseas sin hacerte daño a ti mismo ni a nadie más. Respeta tu proceso y el de los demás.

12. Todo lo que viene conviene y será grandioso. Expande tu consciencia.

1
ACEPTA LO IMPERFECTO.
ESTO LO CONVERTIRÁ EN PERFECTO

Todo lo que vives está diseñado para tu aprendizaje y avanzar en la vida. Aceptarlo te ayuda a integrarlo a tu experiencia más rápidamente y a trascender tu historia. Es perfecto para ti si así eliges verlo. Yo sé que en el momento puede ser muy doloroso, sin embargo, aceptarlo te ayuda a procesarlo más rápidamente, pues elimina la resistencia. Esto te brinda la oportunidad de transformar tu vida y adaptarte a tu nueva realidad.

Algo clave para esto es cómo interpretamos lo que vivimos, o sea, nuestra percepción. Si logras ver las cosas de forma diferente entonces podrás ampliar tu perspectiva, reformular y reescribir tu historia.

Algo que me ha funcionado para esto es separar la emoción de aquello que me duele. Esto lo hago viéndolo de forma descriptiva, como leyéndolo de una novela, así logro enfrentar el dolor una sola vez. Esto lo refuerzo con la aceptación, lo que me hace ser consciente de que la vida es un proceso por un determinado tiempo.

Un amigo muy querido llamado Salvador me decía un muy viejo refrán (al parecer ruso), que decía: «Vale más cortarle la cola al perro de una sola tajada que cortársela en pedacitos», refiriéndose a que multiplicas el dolor al no enfrentarlo y querer huir de él. Algo así como: «El cobarde muere mil veces; el valiente, solo una», frase que me impactó al leerla a mis 8 años de una revista sobre un héroe místico.

El querer huir ocurre cuando te dejas dominar por el miedo. Al hacerlo este traerá junto a él a la madrastra y a las 3 hermanastras de la Cenicienta, que en esta historia serían la culpa, acompañada de la angustia, la ansiedad y la desesperación.

Cuando aceptas el hecho, cualquiera que este fuese (en mi caso fue la traición, decepción, abandono e impotencia), te va preparando para algo mucho mejor, te das cuenta y sientes cómo no estás solo, te vas sintiendo más ligero y pronto comenzarás a dejar la resistencia que solo te genera más fricción (ley de la física) e impide la integración de esa experiencia.

A todo lo que te resistes, persiste.

Al ir «abrazando» ese dolor, en otras palabras, al aceptarlo, comenzarás a llenarte de energía, lo cual es perfecto, pues te prepara para lo que sigue y verás que, si en realidad has integrado la experiencia (hecho la labor interna), te sorprenderá lo que vendrá.

«Todo es perfecto porque así elijo verlo»

Este es uno de mis mantras favoritos. El inicio de esa frase la escuché por primera vez hace unos 7 años de uno de mis mentores, quien con sus palabras «Todo es perfecto» diese sentido a muchas cosas en mi mente. Pude evaluar lo que había vivido frente a lo que había yo construido y estaba viviendo en ese momento. Esas palabras resonaron tanto en mí, pues me dieron la perspectiva que requería para poder expresar lo vivido. La adopté como mía agregándole una segunda parte, ya que verlo de esta forma es una elección de mi alma.

El alma elige, la mente decide.

No sabia «el porqué» de muchas de las cosas que había vivido. Yo pensaba que había sido el destino o un castigo divino, casualidad, magia negra, o quizá karma, pero la verdad es que no tenía idea de lo que significaban realmente esas palabras.

Cambiando la pregunta del «por qué» al «para qué», pude ir más adentro y ver lo que sentía entonces: todo tenía mayor sentido.

Mi amigo Salvador me dijo una frase de otro maestro, el Buda Gautama: «El dolor es real, el sufrimiento es opcional».

Y fue aquí que elegí dejar de sufrir, de ser víctima, de esconderme, y me enfrenté al dolor haciéndolo mi amigo. Descubrí que el miedo también tiene miedo, y aprendí a llorar cuando sentía deseo de desahogarme, pero no permitiendo victimizarme o sentir pena por mí.

Comenzaba a darme permiso de ser yo.

Al aplicar la frase «todo es perfecto, porque así elijo verlo», activa en mi vida una realidad que expande mi percepción.

Hacerme responsable de lo que quiero ver y cómo tomo las cosas es una elección mía (que en general toda mi vida lo es) y consigo que mi mente decida como proceder. Así que, al comprender que como me sentía dependía totalmente de mí, podía elegir cómo quería vivir la experiencia y quien decidía ser ante esta.

Aún más impactante fue saber que esas experiencias estaban hechas especialmente para mí, esto no significaba que todo fuese perfección (y mucho distaba de serlo), o querer verlo de una forma fantasiosa cuando en realidad hay caos y dolor, significa que todo lo que se me presenta esta diseñado por el Creador para mi evolución, y al aceptarlo (sin resistirme) me lleva de forma expresa a donde mi alma desea ir, lo cual hace estas experiencias perfectas para mi crecimiento y así dar el salto cuántico.

2
ESCÚCHATE.
SIEMPRE PUEDES ELEGIR DIFERENTE

Escucharte es básicamente enfocarte en ti, en lo que sientes, en ser coherente y amoroso contigo. Esto te da la habilidad de elegir lo que realmente deseas vivir. Es decir, tú puedes escoger en qué forma deseas experimentar lo que te sucede, lo que genera mayor salud y bienestar a todo tu sistema.

Una de las primeras cosas que me pasó fue el desconectarme de mí mismo. Me concentré tanto en «el hacer» que me olvidé del Ser, de esa voz interior que siempre me había ayudado desde muy pequeño, esa voz que al vivir en Australia me decía cómo moverme, a dónde ir, a dónde no ir. Recuerdo que en ese entonces podía estar jugando cartas y nombrar las 52 cartas del paquete antes de que saliesen. Todos tenemos esta habilidad si nos logramos escuchar.

El problema es cuando permitimos que la mente (a la que llamo «la loca de la casa» tome posesión. Nos desconecta de nuestra red. Me imagino una nube gris y densa que se posiciona encima interfiriendo la conexión fluida de un internet satelital.

Estar atentos de nuestros pensamientos (pensar lo que pensamos) nos da la habilidad de elegir aquellos que sean los más elevados (que brinden beneficiar a todas las partes) y decidir entre ellos para así vibrar más alto. Esto significa que abrimos nuestro abanico de opciones a oportunidades de calidad.

Todos nuestros pensamientos son creadores.

Estos crean nuestra realidad cuando los sentimos, los repetimos en voz alta y actuamos en ellos. Este es nuestro sistema de creación, es la forma en la que materializamos las cosas.

Tanto ruido impide esta conexión. Y no hablo de ruido externo del entorno (que tiende a desenfocarte en alguna tarea), hablo de esas voces en tu cabeza que no paran de hablarte, que no te permiten dormir, las cuales se vuelven preocupaciones que traen angustia y ansiedad, haciendo escenarios de terror que jamás ocurrirán en un 90% y te llenan de dudas e indecisión.

Este es el juego de la mente, que intenta medir y controlar todo su entorno. Entonces «la loca de la casa» entra en acción y junto con su pareja, el Ego, hacen una dupla muy tóxica en la cual el cuerpo queda atrapado con resultados no muy convenientes para la experiencia.

Recuerdo que en medio de mi dolor y desesperación pensaba en quitarme la vida, pues lo sentía tan intenso que no sabía cómo manejarlo. Era tan superior a mí que me sobrepasaba. En casa me entrenaron a siempre ganar, pero jamás me entrenaron a cómo perder. Esta guerra en mi cabeza me llevaba al borde de la locura y en mi mente pasaban múltiples escenarios horrorosos de cómo desconectarme de la vida, y siendo tan creativo veía muchas posibilidades pero ninguna de ellas era 100% efectivas en mi mente. Entonces podía acabar peor, seguir con dolor pero tullido. Era como estar atrapado en un sueño pero despierto y sin poder salir de ahí. Sentía que me ahogaba en un océano de dolor y victimización, hasta que en un instante de claridad vi un pedazo de madera que flotaba y elegí aferrarme a él. Esa madera era lo único que quedaba de mis ganas de vivir, era mi yo interno quien me hablaba y elegí escucharlo, así pude salir de esa pesadilla.

Entonces fui comprendiendo que podía decidir de manera diferente, que quien tenía el control de mi vida y mente era yo. Entendí que era el momento de salir a derribar aquellos programas obsoletos que volvían loca a mi mente. Debía reconectarme, debía elegirme a mí mismo, y eso implicaba desintegrar quien era.

*«Sí, Puedes elegir diferente,
cuando te eliges a ti mismo»*

En mi rígido sistema de creencias siempre «tenia y debía» hacer «lo que me tocaba hacer», que era básicamente complacer a todos para que me aceptasen, y así poder convertirme en buen hijo, buen hermano, buen esposo, buen padre, buen católico, buen ciudadano, empresario exitoso, etc., así que, si cumplía con todo para ser «bueno» todo estaría bien, y así lo hacía, por eso no entendía por qué estaba viviendo aquella historia de terror sintiendo que la vida me debía.

Recuerdo incluso haber recurrido a un sacerdote pariente de la familia quien me dijo «Toño, es tu cruz, es lo que te tocó vivir para llegar al cielo y obtener el perdón», sentí como algo muy dentro de mi se desató, gritaba que me negara a aceptar tal sentencia mortal por resignación, vi como mi religión me condicionaba, juzgaba y sentenciaba a una vida mediocre llena de sufrimiento para ser aceptado. Eso no era lo que mi sentir dictaba, pensé «mi Creador no puede ser tan cruel».

Entendí y comprendí que el querer ser «bueno» solo servía a mi exterior y mi exterior me daba la espalda.

Haciendo a un lado mi ego, hice algo que jamás pensé hacer: pedí ayuda directa a algo superior a mi, superior a cualquier humano o religión, fue mi primera elección la cual me hizo ver con claridad como mi alma se abría camino creando una conexión directa (sin intermediarios) con mi poder superior quien deseaba lo mejor para mi.

Elegirme a mí mismo y escucharme de una forma consciente significó un salto cuántico en mi vida.

3
FLUYE.
PERMITE QUE EL ÉXITO TE ALCANCE

El fluir se da en los tiempos donde las cosas parecen no salir en la forma y tiempo en que nosotros quisiéramos que saliesen, contrariamente a lo que se piensa, que es cuando todo está bien y controlado, eso es como estar surfeando sobre la ola. El fluir comienza cuando te caes de la ola.

Al lograr aceptar y agradecer la experiencia que estés viviendo abres una puerta permitiendo que el éxito y grandes oportunidades lleguen. Todas éstas se darán en el momento justo. Si no tienes expectativas, haces lo que haces con amor y sin esperar recompensa alguna.

Esto hace que te llenes de tanta energía que entras en un espacio llamado «la Zona», donde te pasan cosas sorprendentes, donde sientes que no quieres nada pues sabes que lo tienes todo, dejas de esperar y comienzas a apreciar.

Es dejar de estar buscando la ola perfecta con el miedo del tiburón asesino, chocar contra las rocas o ahogarte; en vez de eso es simplemente disfrutar del mar azul, ver los peces, sonreír al sol, ir a favor de la corriente que te encausa hacia una magnifica ola mientras te diviertes.

Esto es a veces difícil de entender para la mente que quiere controlar y enfocarse solo en los resultados, que se traza metas, y lucha a veces incansablemente para lograrlas, le pone expectativas a todo. Este es un camino difícil, sufrido y tedioso. Para mí es el camino del sistema, el de siempre, el que aprendemos desde chicos con frases lapidarias tipo «el dinero no cae de los árboles», «el que nada debe nada tiene», «prefiero ser pobre pero honrado», «si no duele no vale» o en mi caso era «hay que joderse» y muchas más. Las creemos, pues vienen de gente que respetamos y en quienes confiamos, para luego preguntarnos por qué es todo tan difícil, y aún así luchamos para darles la razón pues «nobleza obliga» y realmente no nos gusta desafiar o llevarles la contra a estos maestros, pues sólo buscamos su aprobación de forma constante. Esto le sucede al 99% de la población mundial y yo no fui la excepción.

Hacerme consciente de esto fue una cosa y aprender a hacerlo otra. Recordé mi tiempo en Australia, donde todo se daba sin esfuerzo. Tenía coches de superlujo a mi disposición, viajes, invitaciones, un trabajo que me divertía y pagaban bien. Estudiaba en mi tiempo y forma, todo me sorprendía y fascinaba, nunca me preocupé por tener sólo 800 dólares al llegar y haberlos gastado todos a los 3 días en mis libros.

¿Qué me había pasado? ¿Por qué ahora todo era espantoso, doloroso, difícil, cansado y frustrante? Para poder fluir tienes que estar conectado contigo, es como querer buscar en google algo sin tener internet.

La respuesta a esas dos preguntas es: porque dejé de confiar en mí, en el proceso, es como tener «el polvo de hadas» en Peter Pan pero no tener «el pensamiento feliz»: si no tienes los dos no volarás. El primero eres tú, quien tiene la magia, y el segundo, la confianza en que todo es posible, lo que en sí sería un pensamiento cuántico.

«Para fluir, primero hay que confiar»

¿Pero cómo podía yo confiar en alguien de nuevo después de lo que había vivido? ¿Y cómo confiar de nuevo en mí quien escogió y lo dio todo?

La respuesta es más simple de lo que piensas y es: confiando de nuevo.

Y sí, da mucho miedo, sobre todo cuando has pasado por una experiencia traumática, así que decidí enfrentar a mi miedo y pedir ayuda. Entonces la respuesta llegó. La clave es saber que no es un sólo miedo, son muchos miedos acumulados que se vuelven un gigante. Aquí recordé esa frase de Napoleón Bonaparte que decía «divide y vencerás». Mientras más miedos acumules, el gigante crecerá, y si te enfrentas a él te vencerá. Así que separé mis miedos hasta aislarlos y hacer ese miedo que quería enfrentar de mi tamaño. Mi sorpresa fue descubrir que mi miedo también tenía miedo, así que simbólicamente hablé con él y sin pelear lo tomé de la mano y caminamos juntos.

Esto significa que comprendí que confiar es uno de mis grandes superpoderes junto con el de la elección y no usarlo equivalía a renunciar a parte de mí. No confiar en alguien con quién deseo compartir algo (vida, amistad, trabajo, etc.) es no confiar en mi elección, así que aprendí a confiar y ya, dándome permiso a equivocarme, ya que el confiar en mi insitinto era confiar en mí.

Este fue un conflicto interno, pues me enseñaron a que yo y todas las personas tenían que «ganarse la confianza», cosa que transformé en primero confiar al 100% y ya dependía de la otra persona si lo honraba o no, pero jamás permitir que una mala experiencia me quitase ese poder.

Si aquella persona lo pierde es asunto de ella, mi asunto era confiar, y en la primera persona que debía confiar era en mí mismo, así que decidí perdonar mi fracaso, lo que comenzó a devolverme la confianza, y ya sin miedo pude atreverme a hacer las cosas de manera diferente.

Al recuperar ese pensamiento mágico que me haría volar, salté cuánticamente y volé.

4
ACTÚA A FAVOR DE LAS CIRCUNSTANCIAS.
LA SOLUCIÓN ESTÁ DENTRO DE TI.

Aprovecha el impulso que te brindan las circunstancias que vives para crecer, elige abrir y manejar tu abanico de opciones, así verás que todas las soluciones están dentro de ti. Haz una pausa, genérate paz, pide guía y claridad al campo cuántico desde la apreciación por lo que ya tienes, quítale la emoción a la situación y ahí encontrarás la solución que te guiará hacia tu objetivo.

Muchas cosas pasaban en mi reconstrucción. Empecé a perder la resistencia hacia mi situación, que hacía que todo fuera mucho más difícil. Recuerdo que un día alguien me dijo maliciosamente: «Oye, José Antonio, a ti te dejaron, ¿verdad?». Sentí dentro de mi un jalón de mi ego, cosa que mi interlocutor esperaba para darme una estocada final frente a otras personas. Entonces lo miré, me escuché, sonreí y le dije: «Sí, me dejaron». En ese momento sentí dentro de mí una paz tremenda. Al escuchar mi respuesta esta persona se puso mal, con cara roja me dijo: «Disculpa». Se fue y jamás lo volví a ver. La gente alrededor se acercó preguntando si se me ofrecía algo y que si estaba yo bien de una forma genuina y amorosa. Entonces comprendí la frase de Mahatma Gandhi que dice: «Primero te ignoran. Luego se ríen de ti. Después te atacan. Entonces ganas».

Me di cuenta de que, si no intentaba controlar las situaciones, podía liberarme de la resistencia, y sin ésta podía elegir más sabiamente abriendo mi abanico de opciones, usando las más convenientes, ya que todo sucedía dentro de mí y no afuera, quien sentía feo (o no) era yo. Entonces comprendí que yo podía elegir al respecto y decidir cómo quería vivir esa experiencia. Así logré ver que el soltar el control de querer ganar o quedar bien producía menor resistencia a la situación, lo que me daba un mayor poder para enfrentar una adversidad y que la solución llegaba sola, que no tenía que buscarla, prácticamente no tenía que hacer nada.

Entonces me entrené en separar la mente de situaciones importantes o problemas que me afectasen emocionalmente. Viendo los resultados observé que también funcionaba en mis empresas, descubrí que mi percepción ante ciertas circunstancias estresantes se alteraba debido a mis creencias y a veces se sumaba algún condicionamiento anterior (alguien me había contado algo similar sin yo experimentarlo), lo que no me dejaba ver con claridad. Entonces mi mente asumía todo en lugar de confirmarlo, pues le urgía una respuesta rápida y lógica, lo que solo me llevaba a cometer errores constantes y repetitivos en mi proceso.

Actuar a favor de las circunstancias puede impulsarte a hacer cambios en tu vida y a generarte mejores hábitos.

Un ejemplo de esto eran los benditos lunes. Recuerdo que no me gustaban y siempre esperaba los fines de semana con ansias. Mas durante mi proceso de transformación esto fue inverso, odiaba los fines de semana pues me recordaban que estaba solo, que no tenía a mi hija conmigo, que ya no tenía familia, me recordaba que había fracasado. Entonces decidí mudarme a un lugar en el centro de mi ciudad, en el barrio de Santa Ana, donde veía a mucha gente caminar y había mucho ruido. Ese movimiento me distraía y de algún modo me tranquilizaba, pero aún así los fines de semana eran de terror. Entonces aproveché esa emoción para trasformar mi pensamiento en cuanto a los lunes y los empecé a amar, pues era el día que dejaba de pensar en lo que no tenía y comenzaba a activarme. Hoy amo los lunes, pues ahora es el día en que elijo estar conmigo, cuando pienso en lo que pienso, me lo dedico a mí, a crear y a enfocarme, me libera el día. Para cuando mi transformación terminó ya amaba también los fines de semana y todos los días eran igual de divertidos.

«Tu intuición favorece la solución»

Comencé a usar más mi intuición que mi mente, aprendí a usar mi corazón e intestino como alarmas biológicas para confirmarla.

Empecé a filtrar aquellos problemas que no tenían solución inmediata de aquellos que sí la tenían. Recordé a Mr Oberoi, un magnate hotelero hindú, quien me contase la historia japonesa de una caja fuerte. Él mencionaba que, cuando tenía un problema que no podía resolver lo metía a una caja fuerte, le ponía llave y lo dejaba ahí cerrado en su mente. Solo cuando tenía una solución viable volvía a abrir esa caja fuerte y lo resolvía, mas no permitía que ese problema le quitase el sueño, ya que no existía.

Él me compartió que sus mayores decisiones las hacía de forma intuitiva, y para esto necesitas una muy buena conexión contigo.

Comencé a ver que el miedo ve problemas donde el amor ve posibilidades. Empecé a ver que mis «problemas» solo eran soluciones que me llevaban más tiempo y que sólo eran un proyecto que resolver.

En mi empresa, Novica, al inicio siempre decía: «Lo imposible lo hacemos todos los días, los milagros nos llevan un poquito más de tiempo». Ahora los milagros son a cada instante, ya que comprendí que no era cuestión de coeficiente intelectual, eran más de coeficiente emocional.

Comencé a ver esas «oportunidades disfrazadas», eran como regalos, que venían en envolturas feas, y me hacían crecer, lo que me llevó a accionar en vez de reaccionar, así aprovechaba esas situaciones para evolucionar y dar otro salto cuántico.

Un ejemplo de esto me ocurrió hace unos meses, estando en la ex Unión Soviética abriendo una oficina en Yereván, Armenia, me fracturé una pierna esquiando en la nieve, siendo esa experiencia una gran oportunidad para poner a prueba el método nuevamente. Así que elegí quedarme y completar mi misión, lo cual hice. Hoy está siendo un éxito, siendo esta una de las mejores experiencias de mi vida, donde aproveché en terminar los últimos entrenamientos del método. Vi todo el amor que mi esposa y mis hijos me tienen, de la gente que me rodea, de mis colegas, amigos. Entré en contacto conmigo más profundamente y creé el método.

5
VE MAS ALLÁ DE LO EVIDENTE.
OBSERVA, RESPIRA Y SIENTE

La mayoría de las cosas que nos suceden no son lo que parecen, todas guardan un aprendizaje. Cultiva tu paciencia y entrénate a verlo, ahí obtendrás el oro que ocultan. El poder ver más allá de lo evidente es una capacidad que todos tenemos y que hay que desarrollar. Incluso llegas a poder sentir las cosas antes de que ocurran es un don que redescubrí durante mi proceso de reconstrucción, y me gusta fomentarlo usando la perspectiva del «para qué», esto me llena de energía, no es que sea «vidente» (de hecho, todos podemos), solo es cuestión de entrenarte a sentir, respirar, ajustar la perspectiva y enfocar con certeza, es decir, observar y confiar.

Lo ideal es entrenarte conociendo cómo funcionas y usar tu sistema a tu favor. Sin embargo, ya estando en una situación fuerte como la que yo experimenté o similar (de pérdida) y sin entrenamiento no logras ver más allá de lo que estás viviendo, tu visión se nubla, la mente reacciona y el ego se entromete, creando un cóctel molotov, el cual se apodera de tus emociones, lo que causa un caos en tu sistema llevándote directo al sufrimiento y la conmiseración, dos lugares que frecuenté por casi 1 año, ya que toma algún tiempo salir de ese circulo vicioso, y que incluso podrías repetirlo el resto de tu vida, mas si lo capitalizas podrás fortalecer tus sistemas para situaciones futuras.

Si tu mente está entrenada, podrás acelerar el proceso al menos 10X y sacar aquello valioso que la experiencia ofrece.

En mi reconstrucción recibí tres valiosos regalos, que me sirvieron incluso tiempo después cuando mi amado padre trascendió, (durante la pandemia). Era un cosa que por mucho tiempo pensé que sería en extremo dolorosa. En este evento pude conectar con el amor y la felicidad que él ya experimentaba, comprendiendo que fue su elección y su tiempo, y al sacar la mente y al ego de la ecuación, mis hijos y yo experimentamos un gran amor, celebrando y honrando su vida en lugar de llorarla, sufrirla y dramatizarla. Compartí con ellos su vida, como él había llegado a su objetivo final con una grandiosa vida que se creó. Lloramos y sí, el dolor fue intenso, pero no lo sufrimos, no fue una pérdida. Recuerdo haber posteado en las redes: «Hoy gané un nuevo ángel». Poder verlo y sentirlo desde el amor cambió toda la experiencia haciéndola maravillosa.

Volviendo a los regalos valiosos. El primero fue el de la «alquimia», transformando mi mayor dolor que fue el perder a mi hija en mi mayor poder que fue el reencontrarme, reconocerme, volver a confiar, laborar en mí para ser mejor Ser, con la certeza de volverla a ver para tener algo que valiese la alegría compartir.

El segundo fue «el amor incondicional», aprendí a amar sin tener, sin esperar nada a cambio, sin expectativas, sin querer tenerla junto a mí, sin querer controlar lo que hacía o cómo lo hacía. Fue el volver a confiar en algo superior a mí que la traería de regreso, lo cual hizo hace un año (2022) después de no verla por 26 años.

«Estando en paz conseguirás ver una nueva perspectiva»

Bien dicen que todo es perspectiva y este fue mi tercer regalo. Recuerdo un dicho que escuché de pequeño que decía: «Nada es verdad, nada es mentira todo, depende del cristal en que se mira», que en mí produce una alternativa de cómo decido ver las cosas, lo que propone un cambio de perspectiva, el cual puede liberar la emoción.

Me gusta usar algo que llamo «perspectiva de astronauta», que significa alejarte mentalmente lo más posible de una situación compleja, observarla en paz. Sintiendo tu respiración y tus latidos podrás ir aumentando tu perspectiva, lo que facilita que alguna solución aparezca y poderla detectar más rápidamente.

Es decir, aquí en la Tierra asumimos que el Sol está arriba, pero para un astronauta podría estar abajo de un lado o del otro, no existen norte ni sur, así que este alejamiento propone una macrovisión.

Al volvernos más observadores de nuestros actos vamos tomando consciencia y elevamos nuestro bienestar.

Esos 3 regalos me abrieron las puertas al autoperdón para poder perdonar, logré ver que solo son experiencias de vida basadas en programas inconscientes, entonces no hay culpables, no hay injusticias, sólo las que atraemos por medio de nuestras creencias, inmerecimiento y programación epigénetica, entonces el ego crea la ilusión permitiendo ver lo inexistente y dándole poder, esto crea la experiencia, pero este poder también se le puede quitar.

Al dolor la mente lo hace real, el sufrimiento es opcional, y para mi la perspectiva lo es todo pues me da la opción de como elijo vivir esa experiencia.

El combinar la perspectiva de astronauta con la alquimia y el amor incondicional me llevaron a saltar de nuevo cuánticamente.

6
SIENTE POSITIVO, VIVE POSITIVO.
ELIGE PENSAMIENTOS COHERENTES

Ser positivo es algo de mente, racional, es exterior, una ilusión fabricada por ella misma. Si bien es un comienzo para ir entrenando la mente, puede producir una falsa sensación, pues cubre una imagen y sirve para complacer y satisfacer a nuestro ego, y bueno se ve bien en las redes o en el selfi, mas no es algo real.

El sentir positivo es algo interior y genuino, es el primer nivel del proceso de creación, pues si logras sentirlo, lo expresas y le pones acción, podrás vivirlo.

El poder del pensamiento sumado al sentimiento es impresionantemente poderoso, sea negativo o positivo y eso «creará la experiencia», para mí el comprender esto y experimentarlo cambió mucho mi mentalidad. Me permitió crear pensamientos de mayor calidad, con mayor consciencia, estar más alerta de lo que pienso y de lo que me digo, de cómo me hablo y lo que siento al hablarme, si me critico, me sobreexijo y me culpo, o si decido tratarme con bondad, con paciencia y con respeto. Aquello que yo elija es lo que transmitiré a los demás.

Yo recuerdo que cuando era niño, el ir a casa de uno de mis abuelos era un drama y creaba conflicto, ya que lo primero que escuchabas de él era un reclamo: «Hasta que se acuerdan de que tienen abuelo». Acto seguido había discusión y justificación. Al final de la visita nos daba algo de dinero (luego entendí que él lo consideraba como un abrazo) para asegurarse de que volviéramos (al menos por más propina) después de haber pasado momentos no muy agradables. En muchas ocasiones yo pensaba: «Espero que no vayamos el fin de semana». Mi ego decía: «Pero te dará dinero para comprar los dulces que te gustan». Mi estomago se retorcía como diciendo: «Otra vez habrá reclamo con culpa», pues sabía que pasaría lo mismo de siempre y no quería ir. Mi corazón pensaba: «Pero es tu abuelo», y yo decía: «No quiero ir». Vivía incoherencia en todos mis sistemas y al final terminaba yendo. Mis padres decían: «Mira el lado positivo: es tu abuelo, él te quiere y no siempre lo tendrás». Esto solo fomentaba la culpa y la obligación.

¿Qué creen que pasaba? Me caían mal los dulces, vomitaba o me enfermaba y la culpa total se la hechaban a los dulces. Más bien era por el estado de incogruencia tremenda en mis sistemas, ya que el cuerpo habla lo que la mente calla.

Muchas veces no tenía opción, pues me llevaban obligado, mas lo gracioso era que de grande iba por decisión propia a reuniones familiares catastróficas, sufriendo los mismos efectos y me preguntaba: «¿Para qué quiero ir a buscar tanto castigo?». Hasta que un día comprendí que el castigo no es requerido para la sanación y por amor dejé de ir.

Este tipo de pensamiento me lleva al amor propio, decir sí cuando quiero decir sí y no cuando quiero decir no, actuando en este sentido genero coherencia, lo que alinea mis sistemas logrando beneficios sorprendentes. Uno de ellos me dio como resultado una mejor salud.

«El sentimiento es el lenguaje del universo»

El Universo/Dios/Campo Cuántico solo escucha lo que sientes y el canal es la coherencia con la que lo pides. Los 4 niveles de creación que acompañan la elección son pensamiento, sentimiento, palabra y obra. Si estos están alineados podrás estar listo para recibir aquello que elegiste. Lo importante aquí es saber qué sembraste.

Esto inicialmente me fue algo complejo de comprender, pues mis pensamientos estaban basados en pérdida, victimización y dolor. No fue sino hasta que me cansé y elegí dejar de sufrir, en mi mente me decía: «Bájale, ya sufriste por diez vidas al menos».

Estaba sumamente cansado de vivir dentro de lo que yo llamo «modo escasez», pero aun así no lograba salir de ahí.

Entonces empecé a pensar de manera diferente, lo que me permitió comenzar a alinear mis pensamientos y mis sentimientos con mis obras.

Todo fue de manera empírica e intuitiva, más determinante y consistente. La gran noticia es que esto ya está incluido en nuestros sistemas, y solo lo veremos si aprendemos a escucharnos. Entonces fui descubriendo cómo mi mundo cambiaba al tomar decisiones de calidad basadas en «pensamientos elevados» (aquellos que me benefician y a su vez traen beneficios a los demás) pues nacen del amor. Mi perspectiva era otra, parafraseando a Einstein: «Cambia tus pensamiento y cambiará tu universo», y así fue, las manifestaciones se hicieron presentes, a un grado que me asusté y pensaba que iba a morir o algo grave me pasaría. Esto era mi falta de merecimiento lo que me retrocedía al caos, lo que es realmente el infierno.

Fue como la historia que habla que un hombre un día pensó en comida y la comida llegó; pensó bebida y la bebida llegó. Entonces pensó: «Aquí debe haber fantasmas» y los fantasmas llegaron y lo torturaron.

Me di cuenta de que yo era el que estaba acostumbrado a vivir en el caos, pues nací, crecí, me desarrollé y eduqué así. Eso era «mi normal», así que lo que vivía hacia sentido.

Alimentaba mi mente de noticias «para estar enterado» (que realmente solo alarman y condicionan la mente), frecuentaba gente que solo se quejaba, que hablaba de sus «males», enjuiciaba, competía, chismeaba y criticaba, sumado a los programas de competencias, reality shows e imagen que veía no ayudaban en nada a mi pensamiento, y me di cuenta de que eso no podía ser normal.

Una vez más chocaba con mi sistema y el modo escasez se hizo evidente, así que me decidí a hacer algo al respecto.

Dejé de ver noticias, programas y frecuentar gente que no contribuyeran a mi paz mental o aportase a mi vida (sea quien fuese). Claro está que caía mal y mis temas de conversación eran muy limitados. Me volví un bicho raro y me dejaron de invitar, lo que de hecho sirvió a mi crecimiento generando espacio para llegasen amistades más significativas que realmente aportan a mi vida.

Dentro de mí las cosas comenzaron a cambiar, ya que comencé a apreciar más lo que tenía y con quiénes estaba. Entrenaba mi mente para pensar mejor cuando todo estaba mejor y gozarlo, y a no fatalizar una situación compleja, así pude salir dando un salto cuántico de ese modo escasez permanente donde viven los fantasmas y que es infernal.

7
TEN CERTEZA DE QUE TODO LO QUE OCURRE TE PREPARA PARA LO QUE VENDRÁ.
SUELTA LOS RESULTADOS

La vida es una acumulación de experiencias que se nos dan de acuerdo con nuestros pensamientos y acciones, las cuales nosotros elegimos cómo vivirlas. Al fluir con ellas y aprender de las mismas te estarás entrenando para lograr ver y recibir aquellas oportunidades que se te presentarán. Así que acéptalas y bendícelas todas, pues son convenientes para tu crecimiento y evolución.

Estamos entrenados a basar nuestra vida en resultados y no a disfrutar el proceso.

Recuerdo que en mi época escolar no importaba el procedimiento, había que hacerlo solo de una forma que te diera el resultado esperado, que era el correcto.

Esto es lo que nos lleva a tener una vida compleja y frustrante, pues queremos controlar los resultados y medir nuestro éxito o fracaso por medio de éstos, si ganas o pierdes, una constante competencia que puede llegar al extremo en que mi satisfacción sea verte por debajo de mí, ya que tu dolor, humillación o desgracias son mi victoria y satisfacción (síndrome de Schadenfreude), resultando en algo egoico-esquizofrénico.

Es un tétrico esquema de la mente que cae en la ley física de causa y efecto, la cual nos mantiene estancados, haciendo la vida más difícil y tediosa al generar mucha fricción y resistencia resultando en sufrimiento y extra esfuerzo, tal como nos la han contado.

Esto nos lleva a vivir en la rueda del hámster, con la ilusión de que avanzaremos mientras más hagamos y generamos espectativas. Entonces seguimos «haciendo y haciendo» y no paramos, no sabemos ni para qué lo hacemos pero seguimos haciéndolo.

Este para mí fue muy complicado el detectarlo, estando en este punto donde trabajaba 20 horas diarias para lograr ser millonario, lo que me impidió ver que se llevarían a mi hija. Hacía y hacía, logrando muy poco en comparación.

Hay dinero que cuesta muchísimo.

Este «modo estancamiento» se basa en el control, que es fuerza. Es estar en el hacer constante y encadenado a la ley causa y efecto (pensamiento mecanicista), que es lo que compromete toda tu felicidad y forma de vida.

Esta búsqueda por tener resultados constantemente, «logros» para sentirme aceptado y reconocido, lleva a la frustración y al agobio, en sentido que nunca es suficiente; no importa cuánto tengas o no, esta sensación es de miseria y parte del modo escasez, el cual no has superado.

Es siempre vivir a la expectativa de lo que logres lo que realmente es la vía expresa a un infierno llamado ansiedad.

«La felicidad no tiene causa y por lo tanto no tiene efecto»

Mi amigo Salvador me decía: «La felicidad es como la cola de un gato, la busca dando vueltas, pues no se da cuenta que la tiene pegada». Al comprender que la felicidad siempre estaba en mí, que no tenía que ir a buscar «mi felicidad» a ningún lado, provocó en mí un sentimiento de paz. Por primera vez durante todo mi proceso lo podía sentir.

Yo pensaba que había que «hacer algo» para ser feliz, y esto no es así.

Hay que primero ser feliz para luego hacer cualquier cosa que desees hacer. Esto me llevó a tener el pensamiento cuántico de causar un efecto.

Cuando conocí a Anggie (mi pareja actual), le dije: «Yo ya soy feliz, tú no me darás la felicidad. Tú llegas a mi vida para incrementar esa felicidad, no a dármela.

Si te quedas conmigo o te vas, estará bien, pues yo ya soy feliz».

Esto marcó el inicio de una relación más significativa, recuerdo que un tiempo después (durante un momento romántico), mirándonos a los ojos ella me dijo: «Te amo» yo respondí: «Me amo», ella rió, sacudió la cabeza por que no comprendía y me preguntó como era eso o si me había equivocado, le dije: «Me amo para poder amarte», esto se convirtió en una forma mutua de expresar nuestro amor y de disfrutar nuestra relación, ya que no podemos dar lo que no tenemos, hoy nos decimos, «Me amo, te amo, nos amo».

Lo que me ocurrió sirvió para aprender a amarme, y me preparó para comprender que el amor en pareja es la unión de dos libertades, de dos seres completos que no ven en el otro obligaciones, ven oportunidades de crecimiento.

Hoy puedo decirle a mi pareja «No te necesito para nada, mas amo compartirlo todo contigo».

Es esencial comenzar las relaciones por los motivos apropiados, aquellos que no se basan en llenar vacíos, esperar recompensa, intercambios, o en expectativas pensando que el otro me dará aquello que yo no me doy, que me hace falta y que me completa, ya que esto te sacará de la experiencia cuántica cayendo en la necesidad y el control.

El salto cuántico ocurre cuando comprendes que la felicidad está en ti, la sientes y la experimentas comprendiendo que ya eres un Ser completo y feliz, entonces anulas las expectativas al romper el vínculo entre lo que crees que te dará felicidad y los resultados.

8
CONCÉNTRATE EN LO ESENCIAL, MÁS QUE EN LO IMPORTANTE.
PRIMERO LO PRIMERO

Lo esencial eres tú, es aquello que te lleva a tu naturaleza innata, es lo que te hace ser mejor Ser, para poder compartir lo mejor de ti a los demás. Luego entonces eso es lo prioritario para poder dar lo mejor de ti y avanzar con mayor rapidez y claridad.

Es común que al intentar ser «bueno» te dejes de último. Yo fui entrenado así, en complacer a todos. Esto solo genera un resentimiento que se esconde hasta que al liberarse hace explotar cualquier tipo de relación (en el mejor de los casos); en el peor, puede ser la causa de enfermedades crónicas o autoinmunes.

Una frase de Carl Jung dice algo mas o menos así: «Prefiero ser un individuo completo antes que una persona buena». Hay mucha diferencia entre ser bueno y ser bondadoso.

La bondad es algo que forma parte de nosotros, está en nuestro interior. El ser bueno es solo imagen y proviene del ego, es exterior.

Cuando comprendí esto comencé a ser yo, me elegí a mí mismo en todo aquello que tenía que ver con mi esencia, que era funcional para mi Ser. Recuerdo que en mi infancia me decían: «Primero lo primero», y aproveché ese tipo de disciplina para saber que lo primero soy YO.

Si yo estaba bien todo estaría bien. En plena crisis, mi madre preocupada decía: «Pero tus negocios se están cayendo, todo lo que trabajaste lo perderás. Los empleados del restaurante se llevan los jamones a sus casas», a lo que le respondí apuntando a mi cabeza: «Mamá, si pierdo esto (mi mente) ahí sí lo pierdo todo». Entonces me di cuenta de que por primera vez me había elegido a mí antes que a nada ni nadie.

«Solo tú vivirás contigo siempre»

Hay mucha diferencia entre amor propio y egoísmo. El primero viene del interior, es nuestra esencia; el segundo es exterior, es para preservar nuestra imagen.

El amor propio es llenarte de amor para compartir lo mejor de ti sin esperar recompensa alguna, es amar sin condiciones, porque te amas, puedes amar, dejar ser y permitir que otros vivan sus procesos y experiencias sin intervenir, haces lo que haces para evolucionar, te priorizas por amor, aceptación y respeto, sin intención de lastimar.

El amor propio te da paz, energía y libertad.

El egoísmo es no compartir, es hacer que todos cubran tus necesidades, nunca tiene suficiente, manipula para conseguir lo que quiere, condiciona todas las relaciones, siempre quiere sin amar, «solo los quiero si hacen lo que yo quiero, como y cuando yo lo quiero», lo que hace lo hace para demostrarle a todos lo «bueno» que es, solo piensa en sí mismo, sin importar a quién lastime, se basa en que todos cubran sus expectativas bajo sus reglas. El egoísmo te consume y encadena (externo).

Me di cuenta de que solo vivía en el egoísmo y me espanté al ver lo monstruoso que era vivir bajo esas premisas, que todas las personas con las que me relacionaba eran así y que era «normal» aparentarlo y estar en competencia continua. Recordé que mi padre decía: «Hijo, aves del mismo plumaje vuelan juntas». Entonces entendí que era tiempo de cambiar mi plumaje.

Cuando comprendí esto todas mis prioridades cambiaron. Di otro salto cuántico, pues pude ver que yo no era especial como me decían de pequeño, que soy único e irrepetible, al igual que cada ser que habita en este planeta. Comprendí también que la única persona con la cual viviría toda mi vida era yo mismo, y que era esencial que me llevara bien conmigo, que me consintiera, que me respetara, que me valorara, que me amara, que confiara en mí, en mi instinto, que todo lo que me diese con amor a mí mismo lo iba a poder compartir con auténtica alegría. Uno solo puede dar lo que tiene; si no lo tiene solo dará lástima por medio de una imagen vacía.

Recordé esta frase que dijo el maestro Krishna y parafrasearon repitiéndola con la misma esencia los maestros Buda y Jesús: «Amarás a tu prójimo como a ti mismo». Al parecer más de 5000 años para practicarlo no nos han sido suficientes.

Decirlo, saberlo y conocerlo no bastan, hay que practicarlo.

9
AGRADECE TODO LO QUE SUCEDE Y BENDÍCELO.
APRECIA LA EXPERIENCIA

Tendremos todo tipo de experiencias en nuestra vida, de amor, dolor, felicidad, gozo, algunas convenientes y otras no tan convenientes. Agradécelas todas de igual forma, son parte de tu camino. Al bendecirlas las irás aceptando, lo que te ayudará a fluir con rapidez.

¿Cómo poder agradecer los acontecimientos trágicos que suceden en nuestra vida?

Esta pregunta me la hice cuando, estando en ciudad de México en plena crisis, impotencia y desesperación por no encontrar a mi hija, un amigo llamado Javier, quien me acompañaba, me dijo: «Agradece, no preguntes por qué, solo agradece», a lo que repliqué llorando neciamente: «¿Agradecer por qué? ¿A quién? ¿Que no ves que estoy muerto en vida, que Dios no existe, que todo es mentira?». Él insistía: «Tú solo agradece. Si no crees en Dios díselo, dile que un amigo te dice que agradezcas, que tú no crees en él pero de cualquier forma agradece». A lo que pensaba, qué más podía perder si ya lo había perdido todo. Entré al baño y frente a un gran espejo viéndome a lo ojos llorando y devastado le hablé con el corazón roto y totalmente vulnerable: «¿Qué más quieres de mí? ¿Qué más puedes quitarme? ¿Sabes? Ya no creo en ti, no existes, pero aquí hay un amigo que me dice que te diga gracias. No sé por qué lo hago, no se por qué siquiera lo digo, pero gracias». Comencé a repetirlo y cada vez que agradecía me sentía un poco mejor. Estuve toda la noche así, llorando y agradeciendo. Fue algo que adopté por mucho tiempo (me sentaba en posición de flor de loto sintiendo mi dolor, llorando y balanceándome de atrás hacia adelante agradeciendo). Tiempo después comprendí que lo que agradecía era por la experiencia que estaba yo viviendo, porque solo estando yo vivo podía experimentar esa sensación de dolor tan profundo que sientes que te mueres, pero no es así, lo que hace la emoción aún más deprimente, solo el agradecimiento genuino te puede ir dando paz.

Mi amigo Salvador me decía: «Dios no te jode, solo permite que tú te jodas, la elección de hacerlo o no es tuya». Esas palabras resonaron muy fuerte en mí.

Aprendí el poder del agradecimiento. He tenido algunas oportunidades de agradecer en tiempos de dolor, lo que me confirma el poder que este tiene con un grandioso impulso que generó en mí un salto cuántico hacia una nueva percepción.

*«La apreciación es la llave
de la abundancia»*

El camino del agradecimiento pronto me llevó a bendecir lo vivido y a todas las personas que me habían causado daño.

Recuerdo que en los grupos de ayuda me decían: «El perdón solo beneficia al perdonador», así que comprendí que al primero que tenía que perdonar era a mí mismo. De nuevo vi cómo todo comenzaba y terminaba en mí. Seguí llenándome de amor, descubrí a un Dios, Creador, Ser Superior, Universo, Campo Cuántico (al final todo es lo mismo) que me permitía elegir, seguir dándole de golpes en la pared para lograr lo que quería, cayendo de nuevo en lo mismo o rendirme ante mí mismo, ante lo incontrolable, ante aquello que me sobrepasaba, devolver aquello que no me pertenecía (*rendirse*, del latín *reddĕre*, significa 'devolver'). Entonces comencé a adquirir un superpoder al cual llamo «reformular», lo que me permite multiplicar mi velocidad de sanación al evitar la resistencia u obstinación. Reformular es simplemente reducir la fricción causada por mi resistencia (que equivale al sufrimiento) para lograr ver otras opciones lo que me ayudaba a eliminar la necesidad egoica de querer ganar y sustituyéndola con la funcionalidad (habilidad para funcionar) productivamente, causando un efecto más enriquecedor en la experiencia, así como una más rápida manifestación de mi objetivo.

Rendirse es el primer paso hacia la iluminación.

Al perdonarme a mí y comprender la experiencia en sí, me llevó a rendirme desde la consciencia (parar de ir contra mí mismo) y me di cuenta de que no había ofensa alguna. Por consecuencia, ya sin ofensa, no había nada que perdonar.

10
PIENSA EN TÉRMINOS DE CONVENIENTE E INCONVENIENTE.
ELIMINA EL JUICIO

Pensar en estos términos te ayuda a eliminar el juicio hacia los demás manteniéndote neutral, eligiendo más fácilmente desde el amor aquello que más beneficie a tu Ser. Si logras diferenciar lo que te es funcional o no es funcional para tu experiencia de vida podrás elegir más sabiamente.

El vivir en un mundo dual (donde existen los opuestos) alto -bajo, arriba - abajo, gordo - flaco, bonito - feo, etc., sumado a nuestro entorno, educación, época y cultura nos llevan a tener cierta percepción y a experimentar la vida en los términos relativos de bueno y malo, y son muy relativos porque lo que es bueno aquí no necesariamente es bueno allá, lo que se veía bien antes quizás ahora ya no lo sea, simplemente nos vuelve a la necesidad de pertenencia para no ser excluidos de algún «clan» en particular.

El ser «bueno» bajo cierto concepto nos da licencia automática para enjuiciar a los que creemos que no lo son, ya que no se adaptan a nuestra forma de pensar o de como percibimos las cosas e intentamos hacer daño, atacar, condenar o destruir.

Hace casi una década adopté el pensar solo en términos de conveniente o inconveniente, lo que me permitió eliminar en mucho el juicio. Por ejemplo, una vez mi hijo me preguntó al ver fumar a su tío: «Papá, eso es malo, ¿verdad?». Yo le dije: «No, hijo, no lo es. Para mí no es conveniente, pero quizá para tu tío sí lo es». Entonces mi hijo comprendió que hay gente que maneja sus emociones de formas diferentes y que todo va de acuerdo con la experiencia que cada uno se construye.

Entrenar mis pensamientos en estos términos me llevó a tener una mente inocente, la cuál evita los juicios y acepta que todo tiene derecho a existir.

*«Crea pensamientos
convenientes para tu* ser*»*

Esta frase es parte de un entrenamiento para mejorar la calidad de tus pensamientos.

El comenzar a cuestionarme todo en mi vida, desde mis creencias y lo que me habían dicho que debía ser, hasta cuestionar mi propia existencia (en mi época de mayor crisis), me llevó a lo esencial que era querer conocerme más, aprender a escucharme y a imaginarme una mejor vida. Para esto tenía que desintegrar todo aquello que me limitaba, aprender a comunicarme de forma asertiva y a soltar los resultados, solo así lograría reinventarme, crear la vida que imaginaba y poder bendecir todo aquello que experimentaba.

Este entrenamiento me sacaba del modo escasez y del modo estancamiento llevándome velozmente al modo abundante.

Sólo enfocaba mi pensamiento en aquello que deseaba, laboraba en éste hasta lograr sentirlo para luego agradecerlo (por adelantado como si ya lo tuviese), este sentimiento multiplicaba la experiencia de mi sentir, hacía lo que me tocaba hacer y este proceso acababa manifestándose en mi vida de una forma sorprendente, muchas veces muy diferente y superior a lo que yo había imaginado, así tocaron a mi puerta muchas oportunidades de vida, como la labor que hago, mi esposa, donde vivo y muchísimas más.

Recuerdo a mi padre decir: «hijo, cada quien tiene su sistema» así que creé el mío. Lo llamé *ASK* system (sistema de cuestionamiento), y de ahí nació lo que hoy es «*ASKooL Formula*», (parte del método) que es una forma genial de formularnos aquellas preguntas que al llegar a los 30 años (o quizás antes, dependiendo de las vivencias y grado de dolor que hayamos experimentado) empiezan a inquietarnos, y que cuando niños, no nos atrevíamos a preguntar por vergüenza, miedo, castigo o jucios de los adultos. Estas preguntas claves tienen como intención brindarnos la oportunidad de conocernos, saber como funcionamos, descubrir nuestros dones y motivarnos a laborar en nuestro interior para accionar de modo diferente y lograr un camino de libertad y abundancia.

Por ejemplo, el cuestionarme ¿qué era?, ¿quién era? y ¿qué había venido hacer? (algo esencial) me ayudó a descubrir cuáles eran mis dones y cuál era mi misión de vida, lo que me llevó a preguntarme para que hacía lo que hacía. Esto me llevó a tomar la desición de no trabajar más por dinero y retirarme con abundancia a mis 27 años.

El comprender como funciono me ayudó a parar el bucle de repetición (aquellas cosas que nos pasan una y otra vez, ya que definitivamente no quería volver a vivir aquel infierno) y a lograr detectar cuando entro en otro para salir con mayor rapidez.

Este sistema plantea preguntas como: «¿Qué es lo más conveniente para ti?», me refiero a cuál sería la decisión más elevada (que te beneficie a ti y a todos, lo que llevaría a un ganar - ganar), y que crea mayor bienestar frente a «¿Cuál es la más ventajosa o en cuál se pierde menos?». Esta última implica pensar en términos de ganar o perder que es una mentalidad ochentera monopólica corporativa que ha llevado al mundo a donde está ahora.

La primera pregunta la he practicado muchísimo en mis empresas por décadas, usando el trato y comercio justo (algo que amo de lo que hago). La segunda pregunta fue una de mis creencias antiguas, la cual me limitaba sembrando dudas e insatisfacción en mi mente, lo que me producía ansiedad en todo lo que hacía.

El poner atención a lo que pienso y elevar la calidad de estos pensamientos sustituyendo aquellos que no son convenientes por pensamientos convenientes mejora mi eficiencia.

Eso catapulta mis creaciones permitiendo que experimente más saltos cuánticos en mi vida.

11
VIVE HACIENDO TODO LO QUE DESEAS SIN HACERTE DAÑO A TI MISMO NI A NADIE MÁS.
RESPETA TU PROCESO
Y EL DE LOS DEMÁS

Estamos aquí para experimentar este mundo de manera ilimitada. Tu cuerpo y mente son tus vehículos para vivir esta experiencia de forma óptima. Cuídalos, nútrelos y ejercítalos adecuadamente, ya que solo aquello que esté dentro de ti es lo que podrás compartir.

Mucho de lo que me autolimitaba eran mis creencias, basadas en lo que yo pensaba que era correcto. Esto dividía mis experiencias. Entonces me di cuenta de que habían tres niveles en la vida: uno dividía, el otro sumaba y restaba, y el último multiplicaba usando la secuencia Fibonacci, que es nuestra naturaleza en esencia.

Desde antes de ser una partícula comenzamos a multiplicarnos y a crecer, hasta después del nacimiento, pero llega un punto en lo más glorioso de nuestra existencia que comenzamos a prohibirnos ciertas cosas y nos dividimos para ir encajando en razas, países, partidos, grupos, etc. Entonces comenzamos a perder nuestra magnificencia, hasta casi perder nuestro Ser. Nos identificamos con algo y ahí nos encerramos tirando la llave, limitando todas nuestras experiencias.

Una vez escuché que: «El juicio final era el final del juicio», y que mi peor juez era yo mismo, yo era mi peor enemigo. Así que comencé a borrar esas líneas divisorias basadas en perspectivas erróneas que estaban contaminadas de creencias limitantes, las cuales se activaban por programas ancestrales familiares reforzados durante mi infancia. Descubrí que estaba hipnotizado y secuestrado por mí mismo y mis creencias.

«Solo respetándote podrás respetar»

Recuerdo que yo pensaba que mientras más avanzaba en mis procesos me respetaba más, sin embargo no era del todo así. Cada vez que evolucionas el ego evoluciona contigo también y se vuelve más sutil, más pro. Entonces quieres ir a «salvar a todos», intentando que vean lo que tú has visto (tipo la caverna de Platón). Pero bueno, esto ni al maestro Jesús le funcionó (nadie es profeta en su tierra) y empiezas a caer mal, lo que complica tu vida. Ese es el momento de elegirte o regesar al mismo molde de siempre.

Durante la pandemia tuve oportunidad de laborar mucho en mi Ser, tomé cursos, un posgrado y practiqué la maestría, estudié la vida de los maestros Jesús, Buda y Krishna, en ese período trascendió mi padre, las restricciones de viajes, así como su enfermedad e incluso un huracán no hicieron posible el ir a verlo, mis hijos estaban conmigo en esos momentos y siendo menores de edad sentí que eran mi prioridad cuidar del bienestar de mi familia al igual que mi salud, recuerdo sus últimas palabras antes de enfermarse del virus: «hijo cuida de ti y de tu familia», mandato que seguí fielmente. De acuerdo a mi forma de vivir, elegí celebrar su vida (en lugar de sufrir su ausencia) honrando su elección de regresar al Creador, algunos familiares no lograron entender esto, se molestaron y ofendieron por que querían verme sufrir y angustiarme como ellos, «pues era lo normal, lo propio y lo que se debe hacer» una vez más desafié el sistema familiar, recibiendo rechazo, humillación, castigo y venganza de aquellos que por naturaleza debían protegerme y cuidarme, más esto pasa en un sistema donde se vive «el querer», es decir se condiciona el amor a que hagas lo que los otros creen que debes hacer para así encajar en sus formas aunque traiciones las tuyas. Esto me dolió mucho pues fui fiel a mi alma, y si lo lloré, mas no lo sufrí (creo que agoté mi cuota de sufrimiento en esta vida con la experiencia que viví con mi hija), practicando mi método pronto acepté que era su forma de ver la vida, sus creencias, su camino y lo que eligen vivir, esto no significaba que no los amaría más, los amo profundamente, agradezco las experiencias vividas, mas en ocasiones el mayor acto de amor que un ser humano puede hacer, es vivir y dejar vivir, es decir permitir a las otras personas ser, sin juzgar, sin culpar, solo comprendiendo que cada uno tiene su propio proceso y respetarlo, lo que significa no intervenir, en mi caso comprendí que yo no soy nadie para hacer algo que ni el Creador hace, que es querer cambiar al otro. Al final nos volveremos a encontrar y el amor nos unirá, es lo que está en mi corazón.

El amarte, serte fiel y respetarte puede llegar a molestar tanto a otras personas que no logran comprometerse con ellas mismas (lo cual es su molestia principal), además de carecer de amor propio y no conocer el amor incondicional, mas esto no debe de detener tu evolución hacia un mayor bienestar, cabe recordar que nadie puede dar aquello que no tiene.

Tiempo atrás había elegido tomar decisiones que elevaron mi calidad de vida, mi productividad y mi bienestar. Recuerdo que con amor me salí de todos los grupos sociales y familiares para darme oportunidad de escucharme y permitirme laborar en mi comunicación. Empecé a observarme más para sentir y así lograr discernir cuáles serían las cosas que no negociaría. Las pude resumir en 3 que son: mi energía, mi tiempo y mi paz, y esto me llevó de nuevo a dar un salto cuántico.

12
TODO LO QUE VIENE CONVIENE Y SERÁ GRANDIOSO.
EXPANDE TU CONSCIENCIA

Vivir de modo abundante es rendirse desde el amor, es aceptar, sentir, bendecir y agradecer la vida, teniendo la certeza de que todo aquello que experimentas te está creando y preparando para un bienestar mayor.

Recuerdo que, estando en plena crisis, llorando y culpando a Dios por lo que me sucedía, un amigo me dijo: «Todo lo que viene conviene», y por supuesto que yo no entendía eso y me molestaba el escucharlo.

Sin embargo, esas palabras calaron en mí de una forma tremenda y se convirtieron en mi mantra.

Siempre pienso lo mejor.

Cuando aceptas reformular tu vida desde el amor y la comienzas a ver con agradecimiento, bendiciendo la experiencia, te das cuenta de que todo te ha llevado a este momento. Y si hiciste tu labor interior ya no la ves por lo que crees que fue, solo la tomas como referencia, pues forma parte de ti. Mas no eres tu, tampoco te define, dejas de buscar culpables, de hacer juicios, sabes que cada uno hizo lo que creyó que debía hacer en ese momento y logras hacer las paces con tu pasado.

El odio nace del miedo, que es uno de los pensamientos promotores, el cual lleva a la agresión que carga con el resentimiento, y esto dentro de un cuerpo genera destrucción masiva afectando la salud.

El amor es su opuesto, es el pensamiento promotor que brinda paz, confianza, apreciación y alegría, siendo estos pensamientos elevados que te llevan a vivir la vida de modo abundante. Esto en términos prácticos (duales) te da más productividad, felicidad, máximo rendimiento y resultados extraordinarios, te lleva a causar el efecto, expande tus posibilidades y te empodera, llevándote a la autorrealización, lo que en términos filosóficos sería el cielo.

Solo haciendo la labor interna podrás saber que tienes lo que mereces y aceptarlo como tal.

«Aprecio y bendigo lo que tengo y me sucede»

Cuando logras apreciar lo que tienes y bendecir aquello que te sucede el Universo te compensa, a veces no de la forma que esperas, mas si en formas que jamás imaginaste.

Recuerdo que en el 2008 Anggie y yo estábamos considerando ir a vivir a Mérida donde tenía una casa antigua muy grande, parte del centro histórico de la ciudad, la cuál encontré en ruinas años atrás y la fui reconstruyendo como parte de mi proceso, es decir prácticamente nos reconstruímos juntos.

Así que renovamos y modernizamos todo menos el refrigerador, (pues ya me tocaba viajar a Guadalajara) así que no me alcanzó el tiempo para hacerlo. Una semana después a media noche recibí un mensaje que decía: «tu casa se quemó, chécalo» al averiguar los bomberos me dijeron que el incendio comenzó en la cocina, el dictamen concluyó que fue un corto circuito el refrigerador.

La casa se quemó totalmente al igual que el contenido, nos quedamos con dos maletas de ropa que eran con las que viajábamos, una persona me dijo: «Ingeniero, recuerde que el fuego purifica» y bueno me quedó claro que con eso ya estaba más purificado que la famosa agua de los alpes suizos.

Al recorrer los escombros junto al el jefe de bomberos él mencionó: «Que suerte tuvo de no haber estado aquí, pues no hubiese logrado salir con vida» al escuchar eso volteé a ver todo aquello que había construído con mucho amor vuelto cenizas, entonces supe que había que empezar de nuevo, que ese no era mi lugar, un mes después en un pueblo mágico de México le pedí la mano a Anggie y al siguiente mes nos casamos.

El solo hecho de considerar reformular tu vida (porque sabes que puede ser mucho mejor) es un comienzo. El apreciar y bendecir lo que tienes es una preparación. El elegir y decidir actuar en coherencia te llevará a dar un salto cuántico hacia la sanación y el bienestar integral que de hecho son heredables. De esto se trata el Abundance Mode Method. Los resultados colaterales son la libertad emocional, financiera y geográfica, que te darán mayor energía, tiempo libre y paz, lo que se traduce en mayor salud y calidad en todas las areas de tu vida.

Como decía Viktor Frankl «Cuando la situación es buena, disfrútala. Cuando es mala, transfórmala y cuando la situación no puede ser transformada, transfórmate».

Atrévete a transformar tu vida y reclamar tu derecho y naturaleza divina que es, vivir en abundancia.

Que la paz este siempre contigo.

«Elegir la vida que siempre has soñado es tu Decisión»

AGRADECIMIENTOS

Agradezco a mi creador por darme el regalo de la vida.

Agradezco a mi cuerpo y mi mente por laborar a mi favor, cooperando con mi espíritu para hacer esta experiencia maravillosa y espectacular.

Agradezco a mis ancestros, quienes forjaron la información con la que he venido a este mundo.

Agradezco a mis abuelos y padres, por ratificar esa información en mí de forma directa y por darme lo mejor de ellos bajo su estado de consciencia. Los amo y sé que hicieron lo mejor que pudieron. Gracias Mamá y Papá.

Agradezco a mis hermanos y a todas y cada una las almas que se han cruzado en mi camino, pues me ayudaron a recordar lo que soy, quién soy y qué vine hacer aquí.

Agradezco a mi compañera de vida, Anggie Kara, quien incrementa el amor que me doy y me enseña aquello que requiero aprender para evolucionar.

Agradezco a mis 4 hijos, que han sido fuente de inspiración, apoyo, aliciente y razón en mis momentos más obscuros, quienes me enseñaron (y me siguen enseñando) a amar de una forma incondicional, a soltar y a ser mejor Ser.

Agradezco a mi hija Karla por haber realizado la portada de este libro, la cual completa la magia de éste, ratificando que el amor siempre encuentra su lugar.

Agradezco por estar vivo, por la inspiración para escribir este libro y por permitirme hacerlo.

Le agradezco a usted por adquirir este libro y así colaborar a que este mensaje de amor, paz y bienestar llegue a todas las personas que lo requieren.

Paz, amor, salud y bendiciones.

JAE

www.jaeabundance.com

www.abundancesmodebyjae.com

www.ingramcontent.com/pod-product-compliance
Lightning Source LLC
LaVergne TN
LVHW091558060526
838200LV00036B/896